W0192704

# Seelengeschichten für Kinder

## Grit Pensold

# Seelengeschichten für Kinder

Grit Pensold

**Illustrationen von Claudia Eckstein**

**WAGNER VERLAG** [20]
www.wagner-verlag.de

Ein Buch aus dem WAGNER VERLAG

Korrektorat: Barbara Kaplan
Umschlaggestaltung: Wagner Verlag GmbH

1. Auflage

ISBN: 978-3-86279-413-3

**Bibliografische Information der Deutschen Nationalbibliothek:**
Die Deutsche Nationalbibliothek verzeichnet diese Publikation in der
Deutschen Nationalbibliografie; detaillierte bibliografische Daten sind
im Internet über http://dnb.d-nb.de abrufbar.

Die Rechte für die deutsche Ausgabe liegen beim
Wagner Verlag GmbH,
Langgasse 2, D-63571 Gelnhausen.
© 2012, by Wagner Verlag GmbH, Gelnhausen
Schreiben Sie? Wir suchen Autoren, die gelesen werden wollen.

Über dieses Buch können Sie auf unserer Seite www.wagner-verlag.de
mehr erfahren!
www.podbuch.de
www.buecher.tv
www.buch-bestellen.de
www.wagner-verlag.de/presse.php
www.facebook.com/meinverlag
Wir twittern … www.twitter.com/wagnerverlag
Neue Bücher kosten überall gleich viel.

Druck: Heimdall Verlagsservice, Rheine, info@lettero.de

Für Robin und Moritz in Liebe

Für alle Kinderseelen

# Inhalt

## Geschichten

# Die kleine Raupe und die Veränderung

Eine kleine Raupe saß weinend auf dem Ast eines dicken borkigen Baumes und weinte. Baumgeister ertragen Traurigkeit nur sehr schwer. Deshalb stieg der Baumgeist aus den Blättern und fragte die Raupe, warum sie denn so bitterlich weine. Die kleine Raupe zeigte auf einen leblos scheinenden Kokon. „Meine beste Freundin ist tot. Gestern haben wir uns noch gemeinsam an deinen saftigen Blättern gelabt und heute war nur noch dieser Klumpen von ihr übrig. Sie ist nicht mehr da für mich, ich kann sie nie wieder sehen", schluchzte die kleine Raupe. Der Baumgeist runzelte die Stirn, wobei er dem alten Stamm seines Baumes beeindruckend ähnlich sah. „Ich hatte schon oft kleine Raupen wie dich und deine Freundin zu Gast an meinem Blättertisch. Meistens blieb am Morgen nach einem reichen Abendmahl ebenfalls ein Kokon zurück. Was du nicht weißt, kleine Raupe, sah ich jedoch schon oft. Warte! Ich werde dir etwas zeigen."

Der alte Baumgeist rief eine der Elfen, die in seinem Blätterdach lebten. Er bat sie, so auf ihrer Flöte zu spielen, dass die Schmetterlinge zum Tanz erscheinen. Die Elfe spielte das schönste Lied, das die kleine Raupe je gehört hatte. Trost fand sie darin jedoch nicht. Es stimmte sie nur noch trauriger, weil ihre geliebte Freundin diesen Klängen nicht mehr mitlauschen konnte.

Als die ersten Schmetterlinge zum Reigen erschienen, erklärte ihr der alte Baumgeist: „Diese bunten Wesen waren einmal Raupen so wie du, so wie deine Freundin. Du denkst, der Kokon ist das Ende des Lebens. Dabei ist er nur ein notwendiger Schritt für euch kleine Raupen, um eure wahre Bestimmung zu finden: Ein Schmetterling zu sein." Die kleine Raupe schaute den Alten zunächst verwundert an. Doch als sie verstand, dass der Baumgeist es ernst meinte, strahlte sie über das ganze Gesicht. „Ich soll so ein schöner Schmetterling sein? Dann sag mir bitte, wie ich ganz schnell auch so ein Kokon werden kann. Ich will doch nicht, dass mir meine Freundin wegfliegt. Als Raupe könnte ich ihr nicht folgen. Schnell, lieber Baumgeist, mache einen Kokon aus mir!", flehte die kleine Raupe den alten Baumgeist an. „Das geht nicht, kleine Raupe. Alles hat seine Zeit, und nur du allein kannst dich zum nächsten Schritt führen. Du musst noch viel fressen, bis du in einem Kokon ausruhen darfst. Wenn es soweit ist, wirst du es wissen." Die kleine Raupe trocknete ihre Tränen und fing sofort an zu fressen. Jeder Bissen war nun für sie wie ein Schritt zu ihrer Bestimmung. Sie hatte keine Angst mehr, ein Kokon zu werden. Nun wusste sie ja, dass sie nicht sterben, sondern als Schmetterling weiterleben wird. Wie ihre Freundin! Sie genoss das saftige Grün der Blätter und schaute dabei den Schmetterlingen zu. War ein Blatt mal nicht so saftig, aß sie auch dieses mit dem Wissen, dass es notwendig war, um weiter zu ihrem nächsten Ziel – ein Kokon zu werden – zu gelangen. Bevor der alte Baumgeist nun wieder in seinem Baum verschwand, drehte er sich noch einmal um und lächelte. Noch nie hatte er in all den hundert Jahren seines Lebens gesehen, dass eine kleine Raupe so bewusst genussvoll von seinem Blättertisch aß.

Das Bienchen und die Lebenskraft

Im Bienenstock auf dem goldenen Rapsfeld herrschte den ganzen Sommer schon reges Treiben. In diesem Jahr meinten es die Rapsblüten besonders gut. Sie blühten in ihrem hellsten Gelb und erstrahlten wie in einem Meer aus Sonnenschein. Die Bienen kamen mit der Honigproduktion kaum hinterher. Doch da sie ein fleißiges Volk sind, hatten sie ihren Spaß dabei. Allerdings gab es da dieses eine kleine Bienchen, das es weitaus mehr genoss, die Menschen zu beobachten, statt den anderen Bienen zu helfen. Es fand die Menschen einfach toll: Aus seiner Sicht konnten Menschen machen, was sie wollten! Und so kam es, dass das Bienchen auch immer mehr die Eigenschaften der Menschen annahm und leider auch die Alltagskrankheiten. Eines Morgens wachte es auf und war besonders schrecklich schlecht gelaunt. Es war gereizt, schaute die meiste Zeit zu, was andere machten, und regte sich über alles und jeden auf. Die eine Biene flog zu schnell, die andere quer, die nächste zu hoch, wieder eine andere nahm ihm die Blume weg. Es war wirklich nicht auszuhalten mit dem gereizten Gemeckere der kleinen Biene. Eine sehr alte und weise Biene betrachtete das kleine Bienchen schon seit einiger Zeit mit Besorgnis. Als sie nun sah, wie eine Arbeitsbiene aus Versehen das gereizte Bienchen anrempelte und dieses seinen Honig verschüttete, musste sie schnell sein. Wütend schoss nämlich das kleine Bienchen in die Höhe und zückte seinen Stachel. Als Tante Biene die beiden Bienchen erreichte, kämpften sie schon miteinander. „HALT!!!“, rief sie. „Bienchen, seit Tagen sehe ich dich nur meckern und schimpfen. Nun verwickelst du auch noch andere Bienen in wüste Kämpfe. So geht das nicht weiter. Du kannst nicht einfach losschimpfen und stechen wollen. Du verletzt dadurch nicht nur andere Bienen, sondern auch und vor allem dich selbst! Du verlierst dadurch deinen Lebenssaft und wirst sofort sterben!", mahnte Tante Biene. Das kleine Bienchen guckte trotzig und antwortete, dass die Menschen das auch so tun und sie dabei nicht gleich tot umkippen. Die weise alte Biene wusste auch viel über die Menschen. Schließlich arbeiten die Bienen mit den Menschen zusammen in der Honigproduktion. Deshalb antwortete sie: „Nun, auch die Menschen verlieren bei einem Streit ihren Lebenssaft. Stelle sie dir vor als einen Krug voll mit Saft – Lebenssaft. Jedes Mal, wenn sie schimpfen oder kämpfen, schüttelt der Krug hin und her, und etwas von diesem wertvollen Saft schwappt über den Rand. Manchmal mehr, manchmal nur ein paar Tropfen. Doch irgendwann ist der Krug leer und die Menschen fühlen sich auch so. Sie haben das gar nicht bemerkt, sondern wundern sich nur, wenn sie nicht mehr so voller Energie sind. Vergeudet! Und dann sterben sie." „Und warum sterben wir sofort?", fragte das kleine Bienchen. „Weil wir den Stachel haben, der unseren Lebenssaft in einem Zug entleert." „Ja, aber können wir denn nichts tun, um das zu verhindern?", wunderte sich das Bienchen. „Doch, kleines Bienchen. Die Menschen und auch wir können vor einem Streit genau abwägen, ob unser ‚Problem' einen Streit und somit auch unsere wertvolle Lebensenergie wert ist. So haushalten wir besser und verwenden die Energie auf die Dinge, die uns wirklich wichtig sind." Das wollte sich das kleine Bienchen merken, und es fühlte sich mit dieser Erkenntnis auch gleich viel besser.

**Der Waschbär und der gesunde Egoismus**

Im Eichenwald, jenseits der Berge hinter dem großen
Meer, auf der anderen Seite der Welt, feiern die Waldbe-
wohner jedes Jahr ein prächtiges Sommerfest. Große
Aufregung herrscht, und all jenen, die die Bewohner des
Waldes nicht kennen, mag das Gewusel geradezu chao-
tisch erscheinen. Jeder Waldbewohner hat eine bestimmte
Aufgabe zu erfüllen und geht dieser auch mit Eifer nach.
Die Frösche üben das Musizieren, da sie die Musik zum
Fest spielen. Die Schmetterlinge üben einen besonderen
Reigen, der jedes Jahr den Tanz eröffnet. Die Mäuse
bringen Getreidekörner, die Eichhörnchen Nüsse und die
Bienen den Honig. Daraus backen die Wichtel feine Pas-
teten und Kuchen. Fleißige Ameisen sammeln die Tau-
tropfen in steinernen Krügen und brauen aus bunten Blüten die verschiedensten Getränke. Die Elfen schmücken
die Lichtung, auf der das Fest gefeiert wird, mit Blumen-
girlanden, und die Glühwürmchen überlegen, wo sie am
Abend Platz nehmen werden, damit allen die Nacht er-
leuchtet ist. Doch von allen Tieren am meisten zu tun
hatte der kleine Waschbär. Jeder wollte das schönste
Kleid oder den schönsten Pelz zum Fest tragen. Deswegen wusch der kleine Waschbär von Sonnenaufgang bis
Sonnenuntergang die verschiedensten Pelze von Eichhörnchen und Füchsen, Rehen und Wölfen, Mäusen und
Bären. Er wusch über einhundert Kleider und Hosen. Er
putzte die Gefieder der Vögel und die Flügel der Marien-
käfer, Elfen, Mücken und Libellen. Er polierte Geweihe
und Schuhe. Den letzten Tag vor dem Fest hatte sich der
kleine Waschbär fest vorgenommen, nur für sich zu put-
zen und auszuruhen. Schließlich wollte auch er den
schönsten Pelz auf dem Sommerfest tragen. Die Waldbewohner wussten allerdings nichts von den Plänen des

Waschbären. In seiner Waschstube gab es gar kein Schild, auf dem „Geschlossen" geschrieben stand. Ihm war es wichtig, anderen zu helfen. Darüber vergaß er oft seine eigenen Wünsche und vor allem auch, sie anderen mitzuteilen. Die Waldbewohner, die bisher noch keine Zeit gefunden hatten, kamen somit auch an diesem letzten Tag vor dem Fest in die Waschstube. Der kleine Waschbär wusch, putzte und polierte also auch an diesem Tag bis lange nach Sonnenuntergang. Nachdem er den letzten Pelz mit der Waldpost zu seinem Besitzer abgeschickt hatte, schlief er, so wie er war, ein und wachte erst wieder auf, als ihn die Musik der Froschkapelle aus seinen Träumen riss. Die Waldbewohner feierten bereits und der kleine Waschbär lag da in seinem schmuddeligen Pelz. Um ihn herum lagen noch die schmutzigen Poliertücher, die Seife, das Bügeleisen, der Teppichklopfer und all die Utensilien, die ein Waschbär eben so braucht. „Oje!", dachte der kleine Waschbär. „Da draußen feiern sie schon, und ich bin noch ganz schmuddelig und verstaubt. So kann ich nicht zum Sommerfest gehen, denn meine Erscheinung entspricht nicht der Kleiderordnung." Der kleine Waschbär war sehr traurig und weinte und weinte. Er wollte doch an diesem Tag mit den anderen Waldbewohnern tanzen, singen und feiern. Vermissten sie ihn denn nicht? Eine alte Fee ging an seinem Haus vorbei und hörte dieses bitterliche Schluchzen. Sie klopfte an die Tür, und als niemand öffnete – der kleine Waschbär schämte sich seines schmuddeligen Fells –, benutzte sie ihren Zauberstab, um in das Haus zu gelangen. Feen sind nämlich auf dieser Welt, damit es weniger Tränen und mehr Lachen gibt. Nun, sie stand also auf einmal, wie aus dem Nichts, vor dem kleinen Waschbär. Der lag noch immer zwischen dem Putzzeug der vergangenen Tage und schaute traurig zur alten Fee. „Was ist dir geschehen, kleiner Waschbär?", fragte sie voller Mitgefühl. Der kleine Waschbär erzählte ihr vom Sommerfest und der schweren Arbeit der letzten Tage und dass niemand auf ihn Rücksicht genommen habe und er deswegen nun nicht feiern und tanzen kann. Die alte Fee, die sehr weise war, fragte: „Hast du denn den anderen gesagt, dass du auch noch Zeit für dich brauchst? Wussten sie, dass du keine Zeit für sie hast?" Der kleine Waschbär überlegte: „Hmmm, also direkt gesagt habe ich nichts. Aber das hätten sie sich doch auch denken können! Außerdem brauchten die Waldbewohner ja Hilfe und ich helfe gern – sehe meist von selbst, wenn Not am Mann ist. Und da hätten sie sich doch auch mal fragen können, was mit mir ist!" Die alte Fee holte ein Buch aus ihrer Rocktasche. Es war sehr klein, wurde aber beim Herausnehmen immer größer und dicker. Dann schlug sie es auf und der kleine Waschbär schaute neugierig hinein. Er sah aber keine bunten Bilder, sondern nur Namen – viele, viele Namen auf jeder Seite des Buches. Die alte Fee schlug eine Seite des Buches auf, nahm einen dicken Stift und schrieb: „Kleiner Waschbär." Der Bär guckte die Fee fragend an. „Warum schreibst du meinen Namen in das Buch? Was ist das für ein Buch? Und warum stehen da überhaupt so viele Namen drinnen?" „Das sind die Namen derer, die lernen müssen, ihre Grenzen zu erkennen. Sie müssen lernen, mehr an sich selbst zu denken und ihre Wünsche und Bedürfnisse vor allem auch anderen deutlich zu machen. Immer wenn es wieder einer geschafft hat, erstrahlt ein neuer Stern am Himmel. Ein Licht, das sich von anderen Lichtern deutlich abgrenzt und doch zum gesamten

Sternenhimmel gehört." Der kleine Waschbär war erstaunt. Er hatte gar nicht allzu lange überlegt, als er ein Stück Baumrinde aus seinem Schreibtisch holte und mit dicken Buchstaben darauf schrieb: „Mittwochs und Wochenende geschlossen." Dann lachte er laut und tanzte in seinem schmuddeligen Pelz durch seine noch schmuddeligere Waschstube. Heute feierte er sein eigenes Fest! Die alte Fee lächelte zufrieden und verschwand so lautlos, wie sie erschienen war. Und am Himmel – ja, da erstrahlte ein neuer Stern.

Das Eichhörnchen und das Glück des Moments

Im Tannenwäldchen, gleich hinter der letzen Kurve zum See, hatten die meisten Waldbewohner ihren Spaß. Es war Sommer und die Sonne schien. Der Himmel zeigte sein blauestes Blau und nur hier und da schwebte ein leichter weißer Schleier über dem Blau – nur der Hauch einer Wolke. Das klare Wasser des Sees bot Erfrischung. Überall gab es reichlich Nahrung: Beeren, Blüten, Tannenzapfen, Nüsse und vieles mehr. Die Waldbewohner genossen diese Zeit des Überflusses. Nur einer hatte kein Interesse an Spiel und Entspannung: das Eichhörnchen. Es dachte nur an den letzten, sehr kalten Winter, der viel länger anhielt als sonst. Das Eichhörnchen hatte damals kaum noch genug Vorrat, um zu überleben. Und seitdem war es nur noch darauf erpicht, seine Vorratskammern voll zu haben. Und so kam es auch, dass das Eichhörnchen weder an Spiel noch an Spaß dachte. Es wollte seine Zeit nicht wie die anderen „vergeuden" oder sich ständig mit Leckereien verwöhnen. Dafür sei später immer noch genug Zeit, meinte es zu sich. Oft hatte es sogar Hunger, traute sich aber nicht, zu viel zu essen, da es ja seine Vorräte für den Winter brauchte. Das Eichhörnchen dachte, wenn es erst einmal Winter sein würde, hätte es ja immer noch ausreichend Zeit zu essen und sich zu vergnügen. Als die ersten Herbststürme kamen, sammelte das Eichhörnchen schnell noch die letzten Eicheln und Nüsse auf und brachte sie in sein Vorratsnest. Doch als es die letzte große Nuss über die Straße rollte, kam ein Lastwagen. Das Eichhörnchen war so mit dem Transport dieser Riesen-Nuss beschäftigt, dass es die Gefahr nicht herankommen sah. Der Lastwagen konnte nicht rechtzeitig bremsen und überfuhr das Eichhörnchen. Beim Leichenschmaus wurden alle Bewohner des Tannenwäldchens

drei Tage lang satt, denn das Vorratsnest des Eichhörn-
chens war ja angefüllt mit den feinsten Leckereien. Nur
das Eichhörnchen selbst, das den ganzen Sommer gespart
und auf Vergnügungen verzichtet hatte, konnte die
Früchte seiner Arbeit nicht mehr genießen.

## Der Affe und das Loslassen

In einem sehr warmen Land lebten die Tiere glücklich zusammen und jeder war des anderen Freund. Alle lebten harmonisch nebeneinander. Sie spielten zusammen und halfen sich, wo es ging. Ein besonders lustiges Spiel war „Fliegen". Die Vögel hielten andere Tiere mit ihren Krallen vorsichtig fest und flogen mit ihnen zum Himmel empor. Die, die schwimmen konnten, wurden dann über dem Wasser abgeworfen und landeten laut platschend im Wasser. Die anderen Tiere wurden nach dem Rundflug wieder auf der Erde abgesetzt. Vater und Sohn Nilpferd genossen diese Spielerei besonders. Das kleine Nilpferd konnte kaum genug davon bekommen. Eines Tages sahen sie ein Äffchen, das auch mitspielen wollte. Es sah komisch aus: Eigentlich sah es den Affen aus dem Wald ähnlich, doch hatte es dort, wo andere Äffchen ihre rechte Hand haben, eine Kokosnuss. Und daran hing eine Kette, die an einem Baum festgebunden war. Nun, den Tieren war das Aussehen der anderen nicht so wichtig. Es hatte jeder seine Eigenheiten, so war es nun einmal. Also kam ein großer Vogel und hob auch dieses Äffchen von der Erde ab. Er wollte mit ihm über die Bäume hinweg fliegen und es auf einer riesig langen Lianenrutsche – die die Affen eigens dafür gebaut hatten – absetzen. Doch das Äffchen hing fest an der Kette. Der Vogel probierte es noch einige Male und ließ es dann sein, denn er dachte, dass das Äffchen offensichtlich nicht wirklich mitspielen wollte. Da weinte es ganz bitterlich, denn eigentlich wollte es mitspielen und auch so viel Spaß haben wie die anderen Tiere, die vor Freude laut juchzten.

Das kleine Nilpferd sagte zu seinem Papa: „Papa, das ist ja schrecklich! Wie können wir dem Äffchen denn helfen? Es will doch so gern mitspielen!" Und so gingen sie zu dem Äffchen und fragten es, warum es denn eine Kokosnuss anstelle einer Hand hätte und warum diese mit einer Kette an den Baum gebunden sei. Das Äffchen guckte die beiden an und erzählte: „Die Kokosnuss ist nicht meine Hand! Meine Hand steckt in der Kokosnuss fest. Und die Kette haben die Menschen befestigt, um mich so zu fangen." „Ja, aber wie ist deine Hand denn da reingekommen?", fragte das Nilpferd. „Na, ich habe sie reingesteckt, um etwas Leckeres herauszuholen, was ich sehr gerne haben wollte. Nun habe ich es. Ich kann allerdings die Hand nicht wieder herausnehmen, da ich es ja festhalten muss." „Du meinst also, dass du die Hand wieder herausbekommst, wenn du die Leckerei loslässt?", fragte das Nilpferd. „Ja. Allerdings …" Das kleine Nilpferd juchzte vor Freude, denn es hatte eine großartige Idee und fiel dem Äffchen ins Wort: „Also, lass einfach los und dann bist du wieder frei und kannst mit uns ‚Fliegen' spielen und auch sonst wieder machen, was du willst. So einfach ist das." Das Äffchen schaute verständnislos und stammelte: „Ich kann diese Leckerei doch nicht loslassen, dann habe ich sie ja nicht mehr, und ich will sie haben." Das kleine Nilpferd verstand die Welt nicht mehr. Denn eigentlich hatte doch das Äffchen gar nichts von dem, was es festhielt. Denn es hielt die Leckerei zwar in der Hand, doch konnte das Äffchen sie nicht essen. Vater und Sohn Nilpferd trotteten von dannen. Nach einer Weile fragte das kleine Nilpferd seinen Vater: „Papa, wenn das Äffchen eigentlich nur loslassen müsste, um wieder frei zu sein, dann haben es die Menschen ja gar nicht gefangen. Es kann frei entscheiden, ob es geht oder bleibt. Stimmt's? Warum geht das Äffchen dann nicht?" „MMMMM", brummte das alte Nilpferd und schaute seinen Sohn stolz an. „Da hast du recht, mein Sohn, das Äffchen ist einzig ein Gefangener seiner selbst. Es hat sich allerdings so sehr die Leckerei aus dieser Kokosnuss gewünscht, dass es nun gar nicht erkennen kann, dass sie unerreichbar ist, auch wenn es sie berühren darf. Und deswegen hält es sie fest und immer fester und grübelt immer nur darüber nach, wie es drankommen kann. Für die anderen schönen Dinge im Leben hat es keinen Blick oder Gedanken mehr frei." „Oh Papa …", rief das kleine Nilpferd nach einem Moment des Nachdenkens, „ein Glück, dass Kokosnüsse für uns zu klein sind!"

## Der Hamster und die Individualität

Es ist noch gar nicht so lange her, da lebte ein kleiner Hamster, der gar nicht gerne hamsterte. Er fand es schrecklich, dass seine gesamte Familie – die Mama, der Papa, Tante Hilly, Onkel Billy, Oma, Opa, Cousin Willy, Cousine Zilly – und auch seine Freunde Schlipp, Schlupp und Schlopp den ganzen Tag damit beschäftigt waren, Vorräte und auch sonst alles, was sie fanden, zu sammeln und in ihre Vorratskammern zu schaffen. Dort war gar kein Platz mehr zum Spielen, Tanzen, Singen, Malen oder Gedichte schreiben. All das, was ein kleiner Hamster eigentlich ja auch gar nicht tut, denn Hamster hamstern für gewöhnlich den ganzen Tag. So, wie es Mama und Papa Hamster tun – und Tante Hilly, Onkel Billy, Oma und Opa Hamster, Cousin Willy, Cousine Zilly und auch Schlipp, Schlupp und Schlopp und deren Familien. Alle, die ihn kannten, begannen ihn komisch zu finden. Seine Familie wollte nicht mehr für ihn mithamstern und seine Freunde wollten nicht mehr mit ihm spielen – wozu ja sowieso nicht genug Platz war. Also dachte der kleine Hamster, dass er vielleicht gar kein richtiger Hamster sei, und auch seine Mama machte sich schon große Sorgen um ihn. So kam es, dass der kleine Hamster trotz der Fürsorge seiner Mama immer schmaler wurde und auch ein wenig kränklich. Doch er wollte nicht aufhören, auf seine innere Stimme zu hören. Er war sich sicher, dass er für ein anderes Leben geboren wurde: Zum Spielen, Tanzen, Singen, Malen oder Gedichte schreiben. Das konnte er besonders gut und so war er glücklich mit sich selbst. Er wohnte außerhalb der Hamstersiedlung und malte alles, was die Natur ihm zeigte: Die Sonne, wie sie aufgeht und untergeht, Weizenkörner, Beeren, Gräser, Hamster und andere Tiere. Eines Tages, der kleine Hamster saß auf dem Hügel über seinem Bau, zog ganz plötzlich ein großes Unwetter auf – ein Sturm, wie ihn der kleine Hamster noch nie erlebt hatte. Zuerst flog sein Malbord weg, sein Wasserglas kippte um und die Pinsel wirbelten durch die Luft. Als der kleine Hamster sich schnell nur noch in Sicherheit bringen wollte, sah er seine alten Freunde, die wohl in der Nähe Vorräte sammelten. Schlipp, Schlupp und Schlopp hatten Schwierigkeiten, sich festzuhalten an den Gräsern, die teilweise vom Wind schon entwurzelt wurden. „Das schaffen die nie heil bis nach Hause!", dachte der kleine Hamster. Schnell rannte er in seinen unterirdischen Tunneln zu der Stelle, an der die Freunde mit dem Unwetter zu kämpfen hatten. Er rief sie zu sich; und in letzter Sekunde, bevor der Busch vom Wind weggerissen wurde, unter dem sie Halt gesucht hatten, erreichten sie den sicheren Bau des kleinen Hamsters. Ach, was waren sie froh darüber, dass er ihnen zu Hilfe geeilt war. Nachdem die Aufregung sich etwas gelegt hatte, schauten sie sich auf dem Weg zum Wohnraum des kleinen Hamsters genauer um. An den Wänden hingen wunderschöne Bilder. Die Sonne, wie sie aufgeht, und die Sonne, wie sie untergeht, Weizenkörner, Beeren, Gräser, Hamster und auch andere Tiere. Und auch im warmen Wohn- und Schlafraum des kleinen Hamsters war es urgemütlich. Zeichnungen von hellblauem Himmel, Schmetterlingen und Blumen ließen das Unwetter vergessen, welches auf der Erdoberfläche wütete. Der kleine Hamster reichte seinen alten Freunden ein paar Kuscheldecken und auch ein paar Weizenkörner zum Knabbern – im Überfluss hatte er sie jedoch nicht zur Verfügung, wie man sich denken kann. Anschließend setzte er sich zu ihnen und las aus seinen Gedichten und

Geschichten vor, denn der Schreck vom eben Erlebten saß den Hamstern noch in den Gliedern und sie waren auch sehr besorgt um ihre Familien. Doch konnten sie nichts tun, bis der Sturm vorbei war. Der kleine Hamster verstand es, die Freunde aufzuheitern, und zu später Stunde schliefen sie alle, zwar ein wenig hungrig, doch zufrieden, ein. Am nächsten Morgen schauten die Freunde, denn das waren sie nun alle vier wieder, aus dem Bau und sahen eine große Verwüstung. Sie waren froh, den Abend miteinander in Sicherheit verbracht zu haben, und machten sich nun auf den Weg in die Hamstersiedlung. Nur der kleine Hamster ging nicht mit, denn auch wenn er seine Freunde wiedergewonnen hatte: Aus der Siedlung wurde er vor Jahren weggeschickt, weil er nicht war wie die anderen – und das war noch immer so und würde auch so bleiben. Einen Monat später jedoch sollte alles anders werden: Da er die aufgehende Sonne so gern beobachtete und dies auch an diesem Morgen tat, sah er die Hamster schon von Weitem. Eine ganze Armee aus Hamstern kam auf seinen Bau zu, vorneweg liefen Schlipp, Schlopp und Schlupp. Sie hatten eine Blume in der Hand und sangen ein Lied! „Wie ungewöhnlich!", dachte der kleine Hamster. Und als sie näher kamen, erkannte er das Lied: Es war sein Lied. Das Lied, das er in jener stürmischen Nacht mit seinen Freunden gesungen hatte, um die Angst zu vertreiben. Als alle Hamster – es müssen mindestens 50 Hamster gewesen sein – vor ihm standen, trat der Älteste nach vorn und begann zu sprechen: „Guten Tag, kleiner Hamster. Wir haben gehört, was du für Schlipp, Schlupp und Schlopp getan hast. Wir möchten uns bei dir bedanken und wir möchten uns auch bei dir entschuldigen. Wir waren sehr hochnäsig und engstirnig. Schlipp, Schlupp und Schlopp haben uns erzählt, wie viel Licht du in dieser schrecklichen Unwetternacht in ihr Leben gebracht hast. Wir bitten dich, kleiner Hamster, dass du uns verzeihst und mit uns kommst. Sei so gut und hilf uns beim Neuaufbau unserer Siedlung, die der Sturm stark beschädigt hat. Es wäre schön, wenn du deine Talente einsetzt, um unsere Behausungen schön und gemütlich zu gestalten. Wir werden dich dafür ernähren. Du sollst nie wieder Hunger leiden. Jeder soll machen, was er am besten kann, und dafür die Achtung der anderen erhalten." Der kleine Hamster, der voller Liebe zur Schöpfung lebte, sagte nur kurz: „So soll es sein." Und seither hamstern die Hamster nicht nur, sondern haben auch immer ein offenes Herz für anderes in ihrem Leben und um sie herum.

Der kleine Drache und das Selbstvertrauen

Es war einmal ein kleiner Drache. Er war viel kleiner als alle Drachen, die je auf der Erde gelebt haben. Doch er war nicht nur der kleinste, sondern auch seine Farbe unterschied sich von den Farben der anderen Drachen. Niemand kannte diese Farbe und niemand wusste ihr einen Namen zu geben. Doch der kleine Drache nannte sie seine Geheimfarbe. Seine Schuppen glänzten in der Sonne anders als im Mondlicht und von rechts anders als von links. Im Regen anders als im Schnee und überhaupt hatte man nie genug Zeit, eine Farbe zu erkennen – schon wechselte sie in eine andere. Und weil der kleine Drache so anders als alle anderen war und auch viel kleiner, verwöhnten ihn seine Mama und auch der Papa und der Opa und alle anderen auch. Nur die Drachenoma fand das gar nicht gut. Sie betrachtete das ganze Getue um die Größe des kleinen Drachen argwöhnisch. „Wenn der Kleine nie etwas allein tun muss, woher soll er es dann lernen – oder wissen, dass er es auch kann?!", sagte die Oma immer und immer wieder. Aber niemand hörte ihr zu. Nur der kleine Drache genoss die Zeit, die er mit seiner Oma verbrachte. Denn die ließ ihn auch mal was selber machen und gab ihm das Gefühl, dass er auch wer ist und was kann. Doch auch das „Verwöhntwerden" durch die anderen genoss der Kleine. Als der kleine Drache alt genug war, um auf eigenen Pfoten zu stehen, musste er sich eine eigene Höhle suchen, denn auch für kleine Drachen ist nicht ein Leben lang Platz in der Höhle der Eltern. Und seine Eltern konnten sich nicht mehr um ihn kümmern, denn sie waren sehr, sehr alt geworden. Oma und Opa lebten nicht mehr und alle anderen empfanden den kleinen Drachen nur als Last, da er ja nichts alleine konnte. Deswegen machte er sich nun auf den Weg – zu

Fuß, denn fliegen hatte ihn ja keiner gelehrt. Alle dachten, seine Flügel wären zu klein zum Fliegen. Bereits nach einigen Kilometern bergauf und bergab taten ihm die Beine weh. Also suchte er nicht weiter, sondern schlief im Freien. Es war kalt in der Nacht und der kleine Drache fror, weil man ihm auch nicht beigebracht hatte, Feuer zu machen – obwohl alle in seiner Familie Feuer spucken konnten. Alle dachten, ein so kleiner Drache könne nicht Feuer speien. So lag der Drache tagelang in der Kälte und wurde immer trauriger und auch ein bisschen krank. Doch niemand war da, der ihn tröstete und versorgte. In einer besonders kalten Nacht konnte der kleine Drache kaum einschlafen – er bibberte und zitterte, als eine besonders große Träne auf seine Schuppen fiel. Er sah, wie diese Träne den Frost von seinen bunten Schuppen weg schmolz und die Form eines Blattes entstand. Und da, auf einmal erinnerte er sich an seine Oma. Seine Oma erzählte ihm diese wundersame Geschichte von einem Baum: „Der Baum des Vertrauens, des Vertrauens in sich selbst. Er trägt wunderschöne bunte Blätter in allen Farben, die die Fantasie zu erschaffen in der Lage ist. Und jedes Mal, wenn es wieder jemand geschafft hat, seinen eigenen Kräften zu vertrauen, wächst ein neues Blatt an diesem Baum, in einer neuen, noch nie dagewesenen Farbe. Und wenn du Glück hast, wirst du ihn eines Tages sehen und er wird dein Leben bereichern", hatte sie zu ihm gesagt. Erinnerungen an längst vergessene Tage traten in sein Gedächtnis, als wäre es gestern gewesen. Er war noch sehr klein, als seine Oma heimlich mit ihm zum Drachentrainingsplatz ging. Dort ermutigte sie ihn, immer all das zu tun, was auch die anderen Drachenkinder erlernen mussten. Sie mahnte ihn zu Disziplin und dass er für sich selbst verantwortlich ist. Er hatte so viel Spaß mit ihr. Gemeinsam sind sie sogar vom Drachenfelsen herab geflogen und er hat das Lagerfeuer selbst entzünden dürfen. Doch das war in der Nacht, in der die Oma am Feuer die Geschichte von diesem bunten Baum erzählte, bevor sie für immer einschlief. Sie sagte noch, wie stolz sie auf ihn sei und dass er seinen Weg allein gehen würde und sie davon überzeugt sei, dass er den Baum finden und wachsen sehen wird. „Ach Oma!" Und da sah er ihr Gesicht in der Träne auf seinen Schuppen und sie rief ihm zu: „Erinnere dich, du kannst es!" Dann verschwand ihr Bild wieder. Doch dieser kurze Moment der Erinnerung machte dem kleinen Drachen so viel Mut, dass er sich aufrappelte und sich am liebsten gleich auf die Suche nach dem Baum machen wollte. Doch von der Kälte waren seine Glieder ganz unbeweglich. Da erwärmte sich plötzlich etwas in ihm – sein Herz brannte vor Liebe und Sehnsucht nach seiner Oma. Doch wie konnte er diese Wärme nur halten? Gar nicht, denn sie war ja tot. Da wurde ihm bewusst, dass er zwar die Oma nicht wiedersehen konnte, aber das Gefühl, das sie in ihm wachrief, war da! Es war lebendig! Er kann alles, was er will, er muss es sich nur zutrauen, so wie es seine Oma tat. Und ihm wurde immer wärmer und wärmer – und dann, als er dachte, der Husten reizt ihn, hustete er gar nicht, sondern spuckte Feuer. Direkt in das Bündel Holz, welches vor ihm lag. Ach, wie war die Freude groß. Dem Drachen wurde warm und kuschelig. „Ob ich auch noch fliegen kann? So wie damals mit der Oma!" Er schlief glücklich ein und träumte von vielen Abenteuern, die er als ganz kleiner Drache mit seiner Oma erlebt hatte. Als die Sonne aufging, stellte sich der kleine Drache an den Abgrund des Felsens. Da sah er in der Ferne etwas Buntes. Es sah aus wie ein Baum und wenn man ganz leise war, trug der Wind auch ein Säuseln, wie den Klang von raschelnden Blättern, herüber. „Da muss ich hin", sagte sich der kleine Drache und sprang. Er schlug mit seinen kleinen Flügeln, die mit jedem Schlag größer und stärker wurden. Er genoss es, zu fliegen. Als er an dem bunten Ding ankam, erkannte er tatsächlich einen Baum und sah noch rechtzeitig, wie ein neues Blatt an ihm wuchs – in einer Farbe, die der des kleinen Drachen glich.

**Die Maulwürfe und der Wandel der Zeiten**

Neulich hörte ich, wie eine Elfe einer anderen eine Geschichte erzählte: Bis vor gar nicht langer Zeit gab es einen Clan der Maulwürfe. Dieser Clan setzte sich zusammen aus mehreren großen Maulwurf-Familien, und jedes Jahr trafen sich alle zu einem großen Fest, das weit über die Grenzen des Maulwurfreiches hinaus bekannt war. Niemand verstand es besser zu feiern als die Maulwürfe. Bevor die Feierlichkeiten begannen, setzten sich die Oberhäupter der Familien immer zusammen und hielten Rat. So auch in dem Jahr, in dem die Sonne ihre Kraft verdoppelt hatte. Bei den Maulwürfen hatte das verschiedene Probleme verursacht und diese mussten besprochen und Lösungen gefunden werden. Je nachdem, in welchen Regionen die Maulwürfe ihre Siedlungen hatten, waren auch die Probleme verschieden. Doch ein Problem war überall gleich: Der viel zu trockene Erdboden, der zu hart und staubig war, um Gänge zu graben. Die Maulwürfe konnten sich nicht mehr besuchen und auch die Lieblingsspeise der Maulwürfe, die Regenwürmer, war immer seltener zu finden. Der Rat überlegte hin und her. Es gab lange Diskussionen, und schließlich erhob sich der vom Alter weiß gezeichnete Elfried. Er hatte davon gehört, dass die Wühlmäuse sich nun auch oberhalb des Erdreiches bewegen könnten. Dort fänden sie wohl Nahrung und Wege, die sie wieder zueinander führten. „Eine völlig neue Welt hat sich ihnen dort erschlossen, mit einem weiten Horizont", erzählte Elfried weise. „Aber wie machen sie das?", fragte Fred, der Chef der Weißpfoten-Maulwürfe. „Sie haben Sonnencreme und Sonnenbrille und ein Mausmobil." Als Elfried das sagte, erhob sich ein lautes Gelächter und Geschrei. Alle anwesenden Maulwürfe redeten durcheinander und letzten Endes stand eines fest: „Wir sind Maulwürfe und waren immer Maulwürfe. Wir werden auch Maulwürfe bleiben und unsere Welt ist hier. Das ist sie schon seit Jahrtausenden und so wird es bleiben. Wer sind denn schon die Wühlmäuse?! Wir waren schon immer besser als sie und schaffen es auf dem alten Weg! Und wozu sollen denn schon andere Welten gut sein?" Der alte Elfried war zu schwach, sich des jugendlichen Ungestüms zu erwehren, und so gingen die Maulwürfe in diesem Jahr ohne Lösung auseinander. Ob sie sich je wieder trafen und eine Lösung fanden? Ich weiß es nicht! Die Elfen meinten, dass niemand wüsste, ob es diesen Clan überhaupt noch gäbe. Man hörte nichts mehr von ihm. Auch von den legendären Festen der Maulwürfe hat nie wieder jemand etwas gehört. Maulwürfe? Ja, die gibt es wohl noch – vereinzelt.

**Die Möwen und die Leichtigkeit**

Neulich hörte ich zu, wie eine Möwe einer anderen Möwe folgende Geschichte erzählte. Schenke ich den Möwen Glauben, so gibt es ein Meer, das man nur entdeckt, wenn man in zwei Stunden zweimal um die Erde herumfliegt. Ihr müsst wissen, dass manche Möwen in der Dunkelheit viel schneller fliegen können als im Tageslicht. Aus diesem Grund glaube ich ihnen, und ihr solltet das auch tun. Das Meer, das zweimal um die Erde herum zu finden ist, nennen die Möwen das Meer der Leichtigkeit. In ihm leben so viele kleine, rosa funkelnde Seesterne, dass die gesamte Meeresoberfläche in allen Schattierungen von Rosa glitzert. Doch das Meer hat auch rosafarbenes Wasser und rosaroten Sand und rosarote Pflanzen wachsen dort. Die Seesterne haben eine wichtige Aufgabe zu erfüllen. Sie produzieren Leichtigkeit – und mal ehrlich: Wo sollten sie das besser können als in einem rosa Meer mit rosarotem Sand und rosaroten Pflanzen? Auf der Erde wird sehr viel Leichtigkeit gebraucht, denn zu viele Menschen haben vergessen, wie man sich die Leichtigkeit im Herzen bewahrt. Deswegen fliegt sie ihnen immer wieder weg. Sie fliegt zu den Sternen im Nachthimmel, denen die Menschen oft ihr Leid klagen. Und weil viele Menschen nicht hinhören, wenn die Sterne ihnen einen Rat geben, bleibt in den Herzen der Menschen nur die Schwermut zurück. Doch da die Sterne leicht genug sind da oben und nicht noch mehr Leichtigkeit brauchen, überlegte der Rat des Himmel-Sternenmeeres, wie er die Leichtigkeit zu den Menschen zurückbringen könnte. Folgender Beschluss wurde gefasst: Jeder Stern am Himmel wird seine Liebe und somit sein Licht mit einem Seestern teilen. Über diese Verbindung kann auch die Leichtigkeit wieder zurück zur Erde geschickt werden, und die Seesterne brauchten nun nur noch einen Weg zu finden, diese wieder an die Menschen zu verteilen. Sofort dachten sie an ihre Freunde, die Möwen. Das waren nicht irgendwelche Möwen, sondern die Lachmöwen. Sie sind es nämlich, die in der Dunkelheit, nur geleitet von den Sternen am Himmel, in zwei Stunden zweimal um die Erde fliegen, zum rosaroten Meer. Dort holen sie die Leichtigkeit ab, in dicken, rosaroten Säcken, die wie Wolken aussehen. Da die Lachmöwen jedoch einen Tag lang am rosaroten Meer verweilen müssen, bevor sie zurückfliegen können, atmen und trinken sie auch selbst so viel Leichtigkeit, dass wir sie nur als unbekümmerte Lachmöwen kennen. Seit ich diese Geschichte mit anhören durfte, wurde mir gleich viel leichter um mein Herz. Denn nun weiß ich sicher, dass auch die Sterne über uns wachen und die Leichtigkeit in unseren Herzen nie ganz verschwinden wird – auch wenn wir sie manches Mal vergessen.

## Danksagung

Ich danke herzlich den Menschen, ohne deren geistige und finanzielle Hilfe dieses Buch nie erschienen wäre.

Mein Dank geht insbesondere an Moritz und Uwe Pensold, Claudia Hesseler, Claudia Eckstein, Annette Sommer, Karin und Leonhard Fricker, Heike und Reinhold Merkt, Dagmara und Achim Schneevoigt und Jakob Seel.

Zudem danke ich jenen Seelen, die mir diese Geschichten zutrugen.

## Kontakt

Autorin:
Grit Pensold
grit.pensold@seragrit.de

Illustrationen von:
Claudia Eckstein
fc-grafik@gmx.de